Confianza en uno mismo

Título original:
Self Reliance

*Derechos de esta edición en castellano reservados
para todo el mundo:* © 2022 Gadir Editorial, S.L.
www.gadireditorial.com

© de la traducción: Pedro Tena
Imagen de la cubierta: *La escuela de Atenas*, Rafael Sanzio. Detalle

Diseño: Gadir Editorial

ISBN: 978-84-122406-7-2
Depósito legal: M-20294-2024

R. W. Emerson

Confianza en uno mismo

Traducción: Pedro Tena

GADIR

«Ne te quaesiveris extra»
[No busques fuera de ti mismo]

El hombre es su propia estrella, y el alma
que puede hacerle honesto y cumplido
rige en todo su luz, influencia y destino;
y para ella nada llega ayer o mañana.
Nuestros actos ángeles son, buenos o malos,
sombras que nos acompañan en el camino.

Epílogo a Honest Man's Fortune,
de Beaumont y Fletcher

Lanza al niño contra las rocas,
que chupe de la ubre de una loba
que hiberne con el halcón y la zorra,
que manos y pies sean su fuerza y sus alas.

El otro día leí algunos versos escritos por un ilustre pintor. En versos auténticos y no convencionales como estos el alma oye siempre una admonición, sea cual sea el asunto del que traten. El sentimiento que destilan tiene más valor que ningún otro pensamiento que pudieran contener. Creer en tu propio pensamiento, creer en que lo que consideras verdad en tu fuero interno es verdad para todos los hombres: en eso consiste el espíritu. Deja que hable tu convicción latente, y ésta tendrá un significado universal, porque lo más recóndito de tu ser será, a su debido tiempo, lo que mayor alcance tendrá; y porque nuestro primer pensamiento nos es dado por las trompetas del Juicio Final. Por familiar que nos resulte la voz de la mente que nos habla, la alta estima en que tenemos a Moisés, Platón y Milton se debe a que hicieron caso omiso de los libros y las tradiciones, y se expresaron con sus propias palabras, no con las palabras de los demás hombres. Un hombre debería aprender a detectar y contemplar ese relámpago de luz que le atraviesa la mente desde el interior de sí mismo, más resplandeciente que el brillo que dejaron en el firmamento los bardos y los sabios que le han precedido. Sin embargo, ese hombre deja pasar por alto su pensamiento tan sólo porque es suyo. En toda obra de genio reconocemos las ideas propias que hemos desechado y que vuelven a nosotros con un cierto aire de majestad expropiada. En esto reside la enseñanza conmovedora que nos deparan las grandes obras de arte. Ellas nos enseñan a regirnos con amable inflexibilidad por nuestras primeras impresiones, tanto más si cabe cuando oímos un clamor de voces en contra del otro lado. De no ser así, tal vez mañana cualquier desconocido dirá con certero sentido común lo que nosotros ya habíamos pensado y sentido en todo momento, viéndonos entonces obligados a acatar avergonzados nuestra propia opinión en boca de otra persona.

Hay un momento en la formación de todo hombre en que se llega al convencimiento de que la envidia es ignorancia, y la imitación un suicidio; que un hombre debe tomarse a sí mismo como la porción que le ha tocado en suerte, para bien y para mal;

que aunque haya abundancia de bienes en el ancho mundo, no obtendrá más grano de trigo para alimentarse que el que él mismo se haya esforzado en cosechar en el bancal de tierra que le ha sido dado. El poder que reside en él es de una naturaleza inédita, y nadie más que él conoce lo que es capaz de hacer, o ni siquiera eso hasta que él mismo lo haya intentado. No en vano, un rostro, un carácter, un hecho, le causan una honda impresión, y otros, en cambio, ninguna. Y todo ello no adoptaría una forma en la memoria si no hubiera una armonía preestablecida. El ojo se situó donde un rayo de luz había de caer con el fin de dar testimonio de ese instante. Sin embargo, tan sólo nos expresamos a medias, y nos avergonzamos de esa idea divina que cada uno de nosotros representa. Podemos depositar nuestra confianza en ella sin temor a equivocarnos porque es proporcionada y se ajusta a buenas razones. Así podrá ser transmitida fielmente, porque Dios no consentirá que su obra sea divulgada por cobardes. Un hombre se siente cumplido y dichoso cuando ha puesto su corazón en su tarea y ha dado lo mejor de sí mismo, pero si lo que dice o lo que hace no obedece a ese impulso, no encontrará sosiego. Será una liberación que no libera. En el intento, su espíritu le abandona; la musa le rehúye; no hay descubrimiento ni esperanza.

Confía en ti mismo: todos los corazones vibran al pulsar esa cuerda de hierro. Acepta el lugar que la divina providencia reserva para ti, la sociedad de tus contemporáneos, la conexión entre unos acontecimientos y otros. Hay grandes hombres que así lo han hecho y, como si fueran niños, se han confiado al genio de su época, revelando su percepción de que aquello que merecía su confianza más absoluta estaba impreso en su corazón, obrando a través de sus manos, reinando sobre todo su ser. Y ahora somos ya hombres, debemos aceptar en el espíritu más elevado el mismo destino trascendente. No somos menores de edad ni inválidos a salvo en un rincón; no somos cobardes que huyamos ante una revolución, sino adalides, redentores y benefactores que nos plegamos al esfuerzo del Todopoderoso, y que avanzamos en medio del Caos y la Oscuridad.

¡Qué hermosos designios nos ofrece la naturaleza en el exordio de este texto sobre la presencia y la conducta de niños, infantes e, incluso, animales! Ellos no tienen el espíritu dividido y reacio del que desconfía de su sentimiento porque con su aritmética ha calculado la fuerza y los medios que se oponen a los fines que persigue. Por el contrario, sus espíritus se hayan aún pletóricos, sus ojos no han sido aún colonizados, y cuando les miramos a la cara, nos desconcertamos. La infancia no se amolda a nadie, sino que todo lo demás se amolda a ella; así, un niño consigue que cuatro o cinco adultos charlen y jueguen con él. Del mismo modo, Dios ha dotado a la juventud, la pubertad y la vida adulta con no menos gracia y encanto, y al individuo que es fiel a sí mismo le hace envidiable y gentil y no hace caso omiso de sus solicitudes. No se piense que el joven carece de fuerza, porque no habla con usted o conmigo. ¡Escuche! En la estancia contigua se oye su voz con bastante claridad y énfasis. Se diría que sabe hablar con sus contemporáneos. Por tímido o audaz que sea, sabrá entonces qué hacer para que los veteranos parezcamos del todo innecesarios.

La indiferencia de los muchachos que tienen su almuerzo asegurado y que, con el desaire de un lord, rehúsan hacer o decir nada para congraciarse con el vecino es la actitud saludable de la naturaleza humana. Un muchacho es a un salón lo que el foso de la orquesta a un teatro: independiente e irresponsable; con la ligereza y parquedad propia de los muchachos, observa desde su rincón el ir y venir de situaciones y personas, juzgando y sentenciando a éstas según sus méritos como buenas, malas, interesantes, necias, elocuentes, molestas. No se entorpece a sí mismo anticipando las consecuencias o los intereses, sino que pronuncia su veredicto con independencia y autenticidad. Deberá usted granjearse su confianza, porque él nada hará por ganarse la suya.

Pero el hombre está, como si dijéramos, atrapado en la cárcel de su conciencia. Tan pronto como se expone a la luz pública hablando o actuando con brillantez, se convierte en una persona comprometida, observada con simpatía u odio por cientos de personas cuyos afectos ha de tener en cuenta. No hay ningún Leteo para esto. ¡Ay, si pudiera recuperar de nuevo su neutralidad! Así, será siempre formidable aquel que logre eludir todas las obligaciones y, tras haber observado, vuelva a observar con la misma inocencia natural, equilibrada, audaz e insobornable. Expresará sus opiniones sobre todo lo que acontezca a su alrededor, opiniones que no siendo de índole privada sino fruto de la necesidad, penetrarán como dardos en los oídos de los hombres, y les infundirán un respeto reverencial.

Éstas son las voces que oímos en soledad, pero que se atenúan y disipan a medida que nos integramos en el mundo. No existe sociedad que no conspire contra la condición humana de cada uno de sus miembros. La sociedad es una empresa de capitales cuyos integrantes, con el fin de asegurarse mejor el pan de cada accionista, deciden de común acuerdo entregar la libertad y la cultura de quien soporta sus gastos. La virtud más exigida es la aquiescencia. La confianza en uno mismo es aborrecida. No gusta de la realidad ni de los creadores, sino de nombres y costumbres.

Quien aspire a ser un hombre debe ser inconformista. Antes que detenerse en la mera designación del bien, aquel a quien hubieren de coronarle los laureles de la inmortalidad debe seguir explorando si en efecto se trata del bien. Nada es, en última instancia, tan sagrado como la integridad de tu propio espíritu. Absuélvete a ti mismo, y obtendrás el sufragio del mundo. Recuerdo una pregunta que, siendo bastante joven, formulé a un consejero distinguido que tenía por costumbre importunarme con las viejas doctrinas de la iglesia. Al decirle yo: «¿Qué tengo yo que ver con la santidad de las tradiciones cuando vivo enteramente desde mi interior?», mi amigo sugirió: «Pero estos impulsos pueden venir de abajo, no de arriba». A lo cual repliqué: «No me parece que sea así; pero sí soy hijo del Diablo, viviré entonces del Diablo». No hay ley más sagrada para mí que la de mi propia naturaleza. Lo bueno y lo malo no son sino nombres perfectamente transferibles de una cosa a otra; lo único correcto es lo que dicta mi manera de ser, lo único equivocado es lo que la contradice. En presencia de cualquier oposición, un hombre debe conducirse como si todas las cosas salvo él fueran nominales y efímeras. Me avergüenza pensar en la facilidad con la que capitulamos ante los símbolos y los nombres, ante las grandes sociedades y las instituciones muertas.

Cualquier individuo amable y con fluidez de palabra me impresiona e influye más de lo debido.

Necesito ir de frente con rectitud y vitalidad, y manifestar siempre la verdad por cruda que ésta sea. Si la malicia y la vanidad visten el disfraz de la filantropía, ¿haré como si no pasara nada? Si un fanático exaltado hace suya la generosa causa del abolicionismo, y se acerca para comunicarme las últimas noticias de Barbados[1], por qué no he de decirle: «Ve y ama a tu niño, al leñador de tu casa, sé bondadoso y modesto, hazme ese favor; y no disfraces tu poco caritativa ambición con esta ternura poco creíble por los negros que viven a miles de leguas de distancia. Tu amor por lo distante es ira para tus allegados.» Descortés y cruel sería un saludo así, pero decir la verdad es más hermoso que fingir el amor. Tu bondad no tiene que estar exenta de filo o se esfumará

---

[1] *N. del T.:* Una de las Islas de Barlovento (Islas Windward), en las Antillas Menores, bajo control británico hasta 1966, y de gran interés para los abolicionistas a causa de su población negra.

en el aire. Ha de predicarse la doctrina del odio para contrarrestar la doctrina del amor cuando ésta gime y lloriquea. Cuando mi espíritu me llama, abandono padre, madre, esposa y hermano. Escribiría en el dintel de la puerta: capricho. Espero que, a fin de cuentas, se convierta en algo mejor que en un mero capricho, pero no podemos perder el tiempo en explicaciones. No esperéis de mí que justifique por qué busco o rehúyo ésta o aquella compañía. Y tampoco me digáis, como hizo hoy un buen hombre, que tengo el deber de procurar el bienestar de todos los pobres. ¿Son ellos mi pobre? A ti te digo, estúpido filántropo, que me da rabia el dólar, los diez centavos o el céntimo que doy a hombres a los que nada me vincula y a los cuales nada les vincula conmigo. Hay una clase de personas con los que me une tan cara afinidad espiritual que por ellas iría a la cárcel si fuera necesario; pero a tus diversas obras populares de caridad, la educación universitaria de los necios, la construcción de centros de reunión con fines banales como a los que hoy se dedican, las limosnas a los borrachos y a las millares de sociedades de socorro social —a las cuales confieso abochornado que algunas veces sucumbo y entrego el dólar—, tendré la hombría de negarles con el tiempo ese dólar infame.

Las virtudes son, a juicio del pueblo, más la excepción que la regla. Está el hombre y, luego, sus virtudes. En buena medida, los hombres hacen lo que se entiende por una buena acción, un acto valeroso o caritativo, como si estuviesen pagando una multa para expiar su renuencia a desfilar a diario detrás de la procesión pública. Acometen sus obras como una disculpa o un atenuante por vivir en el mundo, al igual que los inválidos o los locos han de pagar caro su alojamiento y manutención. Sus virtudes son su penitencia. Yo no deseo expiar culpas, sino vivir. Mi vida es para vivirla, no para servir de espectáculo. Prefiero con mucho que transcurra en clave menor, que sea más natural y uniforme en vez de rutilante e insegura; quiero que sea sana y apacible, y que no me obligue a dietas ni sangrías. Antes que nada pido pruebas de que trato con un hombre, pero me niego a que al hombre le avalen sus acciones. Sé por experiencia que poco importa si hago o dejo de hacer esas obras que pasan por ser excelentes. No consiento tener que pagar como privilegio aquello que tengo por derecho propio. Por escasos y humildes que sean mis talentos, en verdad yo soy, y no necesito de ningún testimonio secundario para mi propia certidumbre o la de mis semejantes.

Lo único que me concierne es lo que debo hacer, no lo que la gente crea que debo hacer. En esta máxima, tan difícil en la vida práctica como en la intelectual, reside la entera distinción entre grandeza y mediocridad. Es la más ardua porque siempre encontrarás a aquellos que creen saber mejor que tú en qué consiste tu deber. Es fácil vivir en el mundo siguiendo los dictados del mundo; es fácil vivir en soledad según nuestros propios dictados; pero el gran hombre es aquel que, en medio de la multitud, mantiene con impecable dulzura la independencia de la soledad.

La razón para no plegarnos a los usos y costumbres caducos es que disipan nuestras fuerzas, nos hacen perder el tiempo y desdibujan los contornos del carácter. Si mantienes una iglesia muerta, contribuyes a una sociedad bíblica trasnochada, votas por un gran partido, ya sea a favor o en contra del gobierno, o si pones tu mesa como una vulgar ama de llaves, me será difícil percibir a través de todas esas máscaras qué clase de hombre eres exactamente. Y, por supuesto, esa misma fuerza es la que habrás sustraído de tu propia vida. Pero haz tu trabajo, y te conoceré. Haz tu obra, y te afirmarás a ti mismo. Un hombre debe reflexionar a qué clase de conformidad se presta cuando juega a la gallinita ciega. Si conozco la doctrina a la que te adhieres, conozco tu argumento. Oigo a un predicador anunciar que explicará en un texto las ventajas de una de las instituciones de su iglesia. ¿Acaso no sé de antemano que es imposible que diga una palabra original y libre? ¿Es que no sé qué, con todo el alarde de pretender examinar los fundamentos de la institución, no hará nada de eso? ¿No estoy ya seguro de que se ha comprometido consigo mismo a no examinar el asunto sino bajo un aspecto, el que le está permitido no como hombre, sino como ministro de la iglesia? Es un abogado bajo contrato, y ese engolamiento de estrado delata la más huera artificiosidad. Bien, la mayoría de los hombres se vendan los ojos con un pañuelo de una u otra clase, y se someten a una de estas comunidades de opinión. Esta aquiescencia no les hace falsarios en algunos aspectos, autores de algunas mentiras, sino falsarios a carta cabal, bajo todo punto de vista. Ninguna de sus verdades es verdadera. Su dos no es el verdadero dos, su cuatro no es el verdadero cuatro; de modo que cualquier palabra que profieren nos disgusta, y no sabemos por dónde hemos de empezar a corregir sus afirmaciones. Entretanto, la naturaleza no tarda en equiparnos con el uniforme carcelario del partido al que nos hemos adherido. Nuestro rostro y figura adoptan un estilo determinado, y adquirimos paulatinamente una expresión asnal de lo más mansa. Hay un hecho especialmente mortificante que no deja tampoco de cobrarse víctimas en la historia común: me refiero al «estúpido rostro del elogio», la sonrisa forzada que fingimos junto a una compañía con la que no nos encontramos a nuestras anchas y ante una conversación que no nos interesa lo más mínimo. Los músculos de la cara no se mueven espontáneamente, sino que, accionados por una débil y usurpada voluntad, se van tensando en torno a los rasgos de la cara, provocando una sensación sumamente desagradable.

Por tu no aquiescencia el mundo te fustiga con su desprecio. Así es que un hombre debe saber cómo valorar un gesto agrio. Los transeúntes en la calle, o los observadores circunstanciales en el salón de un amigo, le miran con recelo. Si el origen de esta animosidad fuese un desdén y una resistencia semejantes a los suyos, bien podría retirarse a casa con un semblante entristecido; pero el gesto torcido de la multitud, al igual que su cara amable, no trasluce ninguna causa profunda, sino que fluctúa con los golpes de viento o las indicaciones de un periódico. No obstante, el descontento de la muchedumbre es más asombroso que el del senado y la universidad. A un hombre íntegro que conozca el mundo no le será difícil soportar la hostilidad de las clases ilustradas, porque su irritación es decorosa y prudente como corresponde a la timidez de personas muy vulnerables. Pero cuando a su rabia femenina se suma la indignación de la gente, cuando se desata la cólera del ignorante o el pobre, cuando se agitan y rugen las fuerzas brutales y encallecidas que yacen soterradas en los sótanos de la sociedad, es necesario recurrir al hábito de la magnanimidad y la religión para tratarlas como lo haría Dios, como una nimiedad sin ninguna importancia.

Otro temor que nos aleja de nuestra confianza en nosotros mismos es nuestra propia coherencia, la reverencia que dispensamos a las palabras o actos ya consumados; porque los ojos de los demás no tienen más datos para registrar nuestra trayectoria que esos mismos actos, y aborrecemos defraudarlos. ¿Pero por qué girar la cabeza para mirar hacia el pasado? ¿Por qué arrastrar el cadáver de la memoria, a menos que te contradigas en algo que hayas afirmado en este o en aquel lugar público? Supongamos que tuviéramos que contradecirnos: ¿y qué? La prudencia indica que no hay que confiar nunca exclusivamente en la memoria y casi nunca en los hechos recordados, sino que hay que procurar traer el pasado al juicio de los mil ojos con que miramos el presente y vivir siempre en un nuevo día. En tu metafísica has negado personalidad a la Divinidad. Sin embargo, cuando tu alma se sienta conmovida por las emociones religiosas, entrégales tu corazón y tu vida, aunque tengas que revestir a Dios con formas y colores. Abandona tu teoría, como dejó su capa José en manos de la adúltera, y huye.

La absurda coherencia es el duende travieso de los espíritus menores; los estadistas, filósofos y teólogos la adoran. A un alma grande la coherencia le trae simplemente sin cuidado. Mejor haría en preocuparse de su propia sombra en la pared. Di ahora sin tapujos lo que piensas, y mañana no vaciles en volver a decirlo, aunque contradiga cada una de las palabras que dijiste hoy: «Ay, pero no tengas dudas de que no te comprenderán» ¿Es acaso tan terrible no ser comprendido? Pitágoras no fue entendido, ni Sócrates ni Jesús ni Lutero; y tampoco lo fueron Copérnico, Galileo o Newton, ni ninguno de los espíritus puros y sabios que han pisado la tierra. Ser grande es ser mal comprendido.

Supongo que ningún ser humano puede violar su naturaleza. Todas las irregularidades de su voluntad son atemperadas por la ley que rige su ser, al igual que las anfractuosidades de los Andes y los Himalayas son insignificantes en relación con la curva de la esfera terrestre. No importa cómo lo midáis y juzguéis. El carácter de un hombre es como un acróstico o una estancia de alejandrinos: leída hacia delante, hacia atrás o de través, siempre dirá lo mismo. En esta grata y retirada vida que con el beneplácito de Dios llevo en los bosques, dejadme registrar honestamente, día por día, mi pensamiento sin mirar ni al futuro ni al pasado, y no me cabe duda de que el resultado será simétrico, aunque como tal yo no lo pretenda ni lo vea así. Mi libro tendrá el aroma de los pinos y en él resonará el zumbido de los insectos. La golondrina posada encima de mi ventana entrelazará también con la brizna de hierba o paja que lleva en el pico la red que yo tejo. Pasamos por lo que somos. Más allá de nuestra voluntad, el carácter nos enseña. Los hombres imaginan que sus virtudes o vicios se manifiestan abiertamente tan sólo en sus acciones, pero no aciertan a ver que su aliento exhala a cada instante virtud y vicio.

Habrá acuerdo entre tus acciones más diversas si cada una de ellas fue natural y honesta en su momento. Por heterogéneas que parezcan, las acciones que son fruto de una voluntad unitaria acabarán por ser armoniosas. Todo ese conjunto de disparidades se desvanecerá en cuanto las veas con un poco de distancia, con un poco de altura de miras. Una misma tendencia las dotará de cohesión. La trayectoria en zigzag que sigue el mejor barco es una línea compuesta de cientos de bordadas, pero si la observas a suficiente distancia, comprobarás que tiende a enderezarse hasta formar una línea recta. Una acción auténtica se explica a sí misma, y explicará también el resto de tus acciones auténticas. Tu aquiescencia, en cambio, no explica nada. Actúa sin la ayuda de nadie y lo que ya hayas hecho por tu cuenta justificará tus decisiones en el presente. La grandeza llama a la puerta del futuro. Si, desdeñando lo que piensen los demás, poseo la firmeza suficiente para hacer hoy el bien, es que en el pasado me he prodigado en hacer el bien lo bastante como para que hoy me avale. Sea como sea, haz el bien ahora. Desdeña siempre las apariencias, y así podrás hacer el bien siempre. La fuerza de carácter es acumulativa. Cada uno de los días previos de virtud contribuye al bienestar de este instante. ¿En qué se basa la autoridad de los héroes del senado y el campo de batalla que tanto parecen colmar la imaginación de las gentes? En la conciencia de tener tras de sí una serie de grandiosas jornadas y gestas que proyectan un foco de luz único sobre el actor que avanza. A éste le espera una corte visible de ángeles. Eso es lo que hace tronar la voz de Chatham[2], otorga dignidad al porte de Washington y pone a América bajo la tutela de Adams[3]. El honor nos parece venerable porque no es efímero. Es siempre virtud antigua. Lo adoramos hoy porque no pertenece al presente. Lo amamos y le rendimos tributo porque no es un señuelo para cautivar nuestro amor y respeto, sino que depende y procede de sí mismo y, por tanto, goza de un linaje antiguo e inmaculado, aun cuando se muestre en un joven.

---

[2] *N. del T.:* Chatham o William Pitt «el viejo» (1708- 1788) fue Primer Ministro del Reino Unido bajo el reinado de Jorge III y llevó al país a la Guerra de los Siete Años. Es conocido por su verbo y elocuencia en defensa de la formación de un Imperio Británico en ultramar y de las ideas «whigs» (liberales) de corte patriótico.

[3] *N. del T.:* John Adams, segundo Presidente de los Estados Unidos (1797-1801), y uno de los principales impulsores de la Independencia de los Estados Unidos, considerado a partir de entonces uno de los Padres Fundadores [«Founding Fathers»] de esa nación.

Espero que estos sean los últimos días en que oigamos hablar de la aquiescencia y la coherencia; que de ahora en adelante estas palabras sean denunciadas y ridiculizadas públicamente. En vez del gong que nos convoca al festín, oigamos el sonido del pífano espartano. No nos inclinemos ni disculpemos más. Un gran hombre viene a cenar a mi casa, pero no deseo complacerle, sino que él me complazca a mí. Defiendo a la humanidad con mi actitud, y antes que hacerla amable, la haría veraz. Reprobemos y denostemos la blanda mediocridad y el mezquino contento de estos tiempos, y arrojemos a la cara de la costumbre, del comercio, de la administración, el hecho definitivo que atestigua la historia: que hay un gran Pensador y Actor responsable dondequiera que un hombre actúa; que un hombre verdadero no pertenece a ningún tiempo o lugar, sino que en él está su propio centro. Allí donde él está, está la naturaleza. Ella es quien te mide a ti, a todos los hombres y todos los acontecimientos. Por lo general, cualquier individuo nos hace acordarnos de cualquier cosa o nos recuerda a cualquier otra persona. El carácter, la realidad no te recuerda a nada más, sino que ocupa el lugar de toda la creación. Un hombre debe serlo hasta el punto de que le sean indiferentes todas las circunstancias. Cualquier hombre verdadero es una causa, un país y una edad; necesita espacios, números y tiempos infinitos para cumplir plenamente sus designios; y la posteridad parece seguirle los pasos como un séquito de clientes. Nace un hombre como César, y tenemos un Imperio Romano durante siglos. Nace Cristo, y millones de almas se adhieren a él y crecen con su genio, hasta el punto de identificarlo con la virtud y la cima de las posibilidades humanas. Una institución es la extensión de la sombra de un hombre. Es el caso del monaquismo del eremita Antonio; de la reforma de Lutero; del cuaquerismo de Fox; del metodismo de Wesley; del abolicionismo de Clarkson. A Escipión, Milton lo llamó «la cima de Roma»; y el curso de la historia se resume con facilidad en la biografía de unos cuantos hombres tenaces y decididos.

Así pues, que cada hombre conozca su valía y que tenga los pies sobre la tierra. Que no mire a hurtadillas, que no robe, que no merodee por aquí o por allá con el aire de un menesteroso, un bastardo o un intruso en un mundo que existe para él. Pero el hombre de la calle, al no encontrar en sí mismo un mérito que corresponda a la fuerza que construyó una torre o que esculpió un dios de mármol, se siente desvalido cuando admira estas proezas. Un palacio, una estatua o un libro portentoso se le antojan como objetos ajenos y prohibitivos, semejantes a un alegre cabriolé, y que parecen interpelarle diciendo: «¿Quién es usted, señor?». Y, sin embargo, todas esas cosas son suyas, solicitan su atención y exhortan a sus facultades para que éstas acudan a tomar posesión de ellas. El cuadro espera mi veredicto: no está ahí para imponerse, sino que soy yo quien debe determinar su derecho al elogio. Esa fábula popular del tonto a quien recogen en la calle borracho como una cuba, lo llevan al palacio del duque, lo lavan y acuestan en el lecho del noble, y, cuando se despierta, es atendido con la misma obsequiosa ceremonia que si se tratase del duque, asegurándole que había perdido el juicio, debe su popularidad al hecho de que simboliza perfectamente el estado del hombre que, estando en el mundo como una especie de necio, despierta de cuando en cuando, ejercita su razón, y se descubre a sí mismo como un genuino príncipe.

Nuestra lectura es mendicante y servil. Cuando se trata de historia, nuestra imaginación nos hace equivocarnos. Reino y señorío, poder y patrimonio, son vocablos más pomposos que el que usarían en privado cualquier Juan o Eduardo en medio de los quehaceres cotidianos de su pequeño hogar. Pero los hechos de la vida son idénticos en ambos casos; la suma total de ambos extremos arroja el mismo resultado. ¿Por qué entonces esta deferencia para los Alfred, los Scandberg y los Gustavus? Imaginemos que fuesen un dechado de virtudes: ¿habrán agotado acaso la virtud? Lo que está en juego depende tanto de cada uno de los actos que protagonice hoy un individuo como de los hechos públicos y reconocidos. Cuando todos sepamos vivir según nuestro leal saber y entender, el brillo de las acciones de los reyes pasará a las de los hombres honestos.

El mundo ha sido adoctrinado por los reyes que han deslumbrado los ojos de las naciones. La colosal magnitud de este arquetipo nos enseña a comprender la veneración mutua que han de profesarse los hombres. La gozosa lealtad con la que hombres de cualquier país han aguantado que el rey, el noble o el gran hacendado de turno deambule entre ellos a su antojo, imponga su propio criterio sobre hombres y bienes, y enmiende el suyo, retribuya los servicios prestados no con dinero sino con honores, y encarne en su persona la ley y el orden, ha sido el jeroglífico con que expresaron oscuramente la conciencia de su propio derecho y gallardía, el derecho de todo ser humano.

El magnetismo que desprende cualquier acción auténtica se explica cuando indagamos en la razón de la confianza en uno mismo. ¿Quién es el depositario de esa confianza? ¿En qué consiste ese Yo primigenio, en el que cabe cifrar la fuente de la confianza universal? ¿Cuál es la naturaleza y el poder de esa estrella que desconcierta a la ciencia, una estrella sin paralaje, sin elementos calculables, que proyecta un haz de belleza hasta en las acciones triviales e impuras en cuanto aparece en éstas el menor signo de independencia? La investigación nos conduce hasta esa fuente que es a la vez la esencia del espíritu, de la virtud y de la vida, y a la que denominamos Espontaneidad o Instinto. A esta sabiduría primordial la llamamos intuición, mientras que todas las enseñanzas posteriores son aprendizaje. Todo encuentra su origen común en ese aliento profundo, umbral último que no puede franquear ningún análisis. Porque la sensación de ser que el alma percibe, sin saber cómo, cuando está serena no es distinta de las cosas, del espacio, la luz, el tiempo, el hombre, sino que es una sola junto con todo ello, y procede obviamente de la misma fuente de la que emanan su vida y su ser. Al principio compartimos la vida que dota de existencia a las cosas, y después vemos a éstas como meras apariencias, y olvidamos que hemos sido partícipes de su causa. He aquí la fuente de la acción y el pensamiento. He aquí los pulmones de esa inspiración que es fuente de sabiduría para el hombre y que éste no puede negar sin incurrir en impiedad o ateísmo. Vivimos en el regazo de una inmensa inteligencia que nos hace receptores de su verdad y órganos de su acción. Cuando discernimos la justicia, cuando discernimos la verdad, no hacemos más que dejar que su luz pase a través de nosotros. Si preguntamos de dónde viene, si tratamos de indagar en el alma sobre sus causas, descubriremos que la filosofía no nos sirve. No podemos afirmar más que su presencia o su ausencia. No hay ser humano que no distinga entre los actos voluntarios de su espíritu y sus percepciones involuntarias; y sabe que a estas últimas debe prestarles una fe inquebrantable. Podrá equivocase en cómo expresarlas, pero sabe que son hechos que, al igual que el día o la noche, no admiten discusión.

Mis acciones o aprendizajes voluntarios no son más que manifestaciones errabundas; en cambio, la ensoñación más casual, la emoción interna más tenue, solicitan mi curiosidad y mi respeto. La gente insensata está dispuesta a contradecir tan abiertamente una opinión como una percepción, o incluso más dispuesta todavía a esto último, porque no distinguen entre percepción e idea. Creen que ver esto o aquello depende de mi elección, pero la percepción no es caprichosa, sino irrevocable. Si veo algo, lo verán mis hijos después de mí, y, con el tiempo, toda la humanidad —aunque bien pudiera ocurrir que nadie lo haya visto antes que yo— porque mi percepción de ese algo es un hecho tan evidente como lo es la existencia del sol.

Las relaciones del alma con el espíritu divino son tan limpias que es fácil profanarlas cuando se buscan intermediarios. Cuando Dios haya de pronunciarse, no será un solo mensaje el que ha de darnos, sino todos al tiempo: desde el centro del pensamiento presente, inundará el mundo con su voz, esparcirá la luz, la naturaleza, el tiempo, las almas, y fechará y creará el mundo de nuevo.

Cuando un espíritu es sencillo y recibe la sabiduría divina, todo lo antiguo se desvanece: medios, profesores y textos se derrumban. Esa sabiduría vive en el ahora, absorbiendo pasado y futuro en el instante. Todo lo que guarda relación con esta experiencia se convierte en sagrado. A causa de ella, todas esas cosas se disuelven hacia su centro y, ante el milagro universal, los milagros minúsculos de cada individuo se desvanecen. Así pues, si un hombre afirma conocer a Dios y hablar con Él, y sus palabras te evocan la fraseología de una vieja nación destruida en otro país, en otro mundo, no le creas: ¿es la bellota del roble mejor que el árbol en su plenitud y perfección?; ¿es el padre mejor que el hijo en el que ha vertido la madurez de su ser?; ¿por qué, entonces, esta adoración por el pasado? Los siglos conspiran contra la salud y la autoridad del alma. El tiempo y el espacio no son sino colores fisiológicos que el ojo fabrica; pero el alma es luz: allí donde ella está, es de día; allí donde ha estado, es de noche. Y considerar la historia como algo más que un apólogo o una fábula regocijante es una fatuidad y una injuria.

El hombre es pusilánime y proclive a las disculpas. Como le falta firmeza para atreverse a decir «yo pienso», «yo soy», cita a algún santo o sabio. Se avergüenza ante la brizna de hierba o el esplendor de la rosa. Las rosas que crecen bajo mi ventana no son indicio de rosas previas ni mejores: son lo que son; existen con Dios, aquí y ahora. Para ellas no hay tiempo. La rosa es simplemente perfecta; perfecta en cualquier momento de su existencia. Para que veamos brotar una yema en una planta, antes ha tenido que obrar en ella la vida por entero; en la flor plenamente abierta no hay nada más; en la raíz sin hojas no hay nada menos. Su naturaleza está cumplida, y cumple a la naturaleza, en todos los momentos por igual. El hombre, empero, pospone o recuerda;

no vive en el presente sino que, girando sus ojos al pasado, se lamenta, o haciendo caso omiso de las riquezas que tiene a su alrededor, se pone de puntillas para atisbar el futuro. No podrá ser feliz ni fuerte a menos que él también viva con la naturaleza en el presente, por encima del tiempo.

Esto debería ser bastante evidente. Ved, sin embargo, cómo hay personas de vivo ingenio que no se atreven siquiera a oír la voz del mismísimo Dios a menos que utilice la palabrería de no sé qué David, Jeremías o Pablo. No debemos conceder siempre tanto valor a unos pocos textos, a unas pocas vidas. Somos como niños que repetimos de memoria las máximas de nuestros abuelos y preceptores, y, al ir cumpliendo años, las de los hombres de luces y personalidad que tenemos oportunidad de conocer, esforzándonos por pronunciarlas al pie de la letra. Más tarde, cuando la vida nos depara el punto de vista de los que nos transmitieron esas enseñanzas, nos sentimos dispuestos a olvidarlas porque las comprendemos y, llegado el momento, confiamos en encontrar palabras igualmente afortunadas. Si vivimos con autenticidad, comprenderemos con autenticidad. Es tan fácil para el fuerte ser fuerte, como para el débil ser débil. Cuando tengamos percepciones nuevas, descarguemos alegremente el recuerdo de los tesoros amontonados de las antiguas como si fueran trastos viejos. Cuando un hombre vive con Dios, su voz será tan dulce como el murmullo del arroyo y el susurro de los trigales.

Por último, sobre este asunto aún queda por decir la verdad más sublime. Probablemente no es posible enunciarla porque todo cuanto decimos es apenas el recuerdo lejanísimo de una intuición. En la medida en que puedo siquiera acercarme a expresarla, ésta es la idea. Cuando el bien te ronde, cuando te sientas lleno de vida, no será porque transites por caminos concurridos o trillados. Por esa senda no verás huellas de ninguna otra persona ni el rostro de un ser humano; no oirás ningún nombre: el trayecto, el pensamiento, el bien, serán extraños y nuevos. No habrá lugar para modelos ni experiencias. Partes del hombre pero no te diriges hacia él. Todos los seres humanos que han existido son sus oficiantes olvidados. El temor y la esperanza son igualmente indignos de él. Incluso en la esperanza hay algo ruin. En la hora de la visión, no hay nada que pueda llamarse gratitud ni propiamente júbilo. Elevada sobre la pasión, el alma contempla la identidad y la causalidad eterna, percibe la existencia de la Verdad y la Justicia tal cual son en sí mismas y se serena al saber que todo es como debe ser. Nada importan los vastos espacios de la naturaleza, el Océano Atlántico, los Mares del Sur; nada tampoco la inmensidad de instantes de tiempo, los años, los siglos. Todo esto que creo y siento es el sostén del estadio más primigenio de la vida y de sus circunstancias, y sostiene también mi presente, así como lo que llamamos vida y lo que llamamos muerte.

Sólo la vida importa, no el haber vivido. La fuerza cesa en el instante de alcanzar el reposo, pero se manifiesta en el momento de la transición de un estadio superado a otro nuevo, en el acto de salvar el abismo, en el disparo a un blanco. Es éste un corolario que el mundo odia: el hecho de que el alma llega a ser; porque por esta vía se degrada el pasado, se convierte a los ricos en pobres, la reputación en deshonor, se confunde al santo con el granuja, se pone a Jesús y a Judas en el mismo saco. ¿Por qué entonces hablamos de la confianza en uno mismo? En la medida en que el alma está presente, el alma actúa, aunque no lo haga con total seguridad. Hablar de confianza en uno mismo es una manera superficial de hablar. Habla más bien de eso que te invita a entregar tu confianza, porque eso sí funciona. Quien tenga más obediencia que yo es mi maestro, aunque no levante el dedo. Giro en torno suyo por la ley de gravitación de los espíritus. Imaginamos que es retórica cuando, en realidad, hablamos de virtud preeminente. No comprendemos aún que la virtud es Altura, y que un hombre o un grupo de hombres, dúctiles y permeables a los principios, deben, por la ley de la naturaleza, regir y gobernar sobre todas las ciudades, naciones, reyes, hombres acaudalados o poetas que carecen de esa cualidad.

Al igual que en cualquier otro asunto, esta es la constatación a la que llegamos enseguida: la disolución de lo múltiple en el siempre bienaventurado UNO. La existencia de uno mismo es el atributo de la Causa Suprema, y constituye la medida del bien según el grado en el que se integre en las formas inferiores. Todo lo real es tanto más real cuanto mayor sea el grado de virtud que contiene. El comercio, la agricultura, la montería, la caza de la ballena, la guerra, la elocuencia, el ejercicio de la influencia personal, son lo que son y, en cierto modo, se ganan mi respeto en la medida en que constituyen ejemplos de la existencia de una acción espuria. Esta misma ley es la que favorece la conservación y el crecimiento de las especies naturales. El uso de la fuerza es, en la naturaleza, la medida esencial del derecho. La naturaleza no soporta que permanezca bajo su reinado nada que no pueda servirse de sí mismo. La génesis y maduración de un planeta, su posición y su órbita, la recuperación de un árbol doblegado por un fuerte golpe de viento, los recursos vitales de cualquier animal o planta, son demostraciones del alma autosuficiente e independiente.

Así pues, todo es concentración. No divaguemos, sentémonos en casa con la causa. Acallemos la impertinente algarabía de hombres, libros e instituciones y asombrémoslos mediante una sencilla declaración de la constatación divina. Pidámosles a esos intrusos que se quiten los zapatos porque Dios está aquí dentro. Dejemos que nuestra sencillez les juzgue, que nuestra docilidad a nuestra propia ley les demuestre cuán escasos son los bienes de la fortuna al lado de nuestras riquezas innatas.

Pero por ahora no somos más que populacho. El hombre no se asombra de ser hombre, ni su espíritu le persuade para que se quede en casa y se ponga en contacto con su océano interno, sino que sale a la calle a mendigar un cuenco de agua del cántaro de otros hombres. Debemos caminar solos. Me gusta la iglesia silenciosa antes de que empiecen los oficios, antes de cualquier sermón.

¡Qué lejanas, serenas, recatadas parecen las personas dentro de un recinto sagrado! Estemos siempre así. ¿Por qué hemos de cargar con las faltas del amigo, la esposa, el padre, los hijos, por el mero hecho de sentarnos con ellos alrededor del mismo fuego o ser, según se nos dice, de la misma sangre? Todos los hombres tienen mi sangre, y yo tengo la suya. No por ello he de adoptar su arrogancia o su torpeza hasta el extremo incluso de tener que avergonzarme por ello. Pero tu aislamiento no ha de ser mecánico sino espiritual, esto es, ha de aspirar a la elevación. De cuando en cuando el mundo parece aliarse para importunarte con fruslerías sin fin. Amigos, clientes, hijos, enfermedades, temores, necesidades, obras de beneficencia llaman a la vez a tu puerta y dicen: «Ven con nosotros». Pero mantente en tu lugar; no te mezcles con su confusión. Soy yo, con mi débil curiosidad, quien les doy el poder a los demás para molestarme. Nadie puede acercarse a mí sin la complicidad de un acto mío.

«Lo que amamos, eso tenemos; pero con el deseo nos privamos del amor».

Si no podemos elevarnos a la vez hasta las santidades de la obediencia y la fe, resistamos al menos nuestras tentaciones: declarémosles la guerra, y despertemos a Odín y Tor, la constancia y el coraje, en nuestras entrañas sajonas. En nuestra época calmada, esto puede hacerse mediante el lenguaje de la verdad. Refrenad la falsa hospitalidad o los falsos afectos. No viváis para estar a la altura de esas personas engañadas y engañosas con las que entablamos relaciones. Decidles: ay, padre; ay, madre; ay, mujer, hermano, amigo, hasta el día de hoy he vivido con vosotros con arreglo a falsas apariencias, pero de ahora en adelante pertenezco a la verdad. Sabed que a partir de este momento no obedeceré ninguna otra ley que no sea la eterna. No tendré alianzas sino vecindades. Me esforzaré por alimentar a mis padres, sostener a mi familia, ser el fiel marido de una sola mujer, pero cumpliré estas obligaciones de un modo nuevo y sin precedentes. Recuso vuestras costumbres. Debo ser yo mismo. No puedo quebrantarme más por mí, o por ti. Si podéis amarme por lo que soy, seremos más felices. Si no podéis, trataré incluso de merecerme vuestro amor. No ocultaré mis gustos ni mis aversiones. Creo hasta tal punto en que lo profundo es sagrado, que ejecutaré sin vacilar lo que me regocija íntimamente y lo que el corazón me dicta. Si sois nobles, os amaré; si no lo sois, no os deshonraré ni me deshonraré a mí mismo al dedicaros una atención hipócrita. Si sois sinceros, pero no interpretáis la verdad del mismo modo que yo, confiaros a vuestros compañeros que yo buscaré los míos. No obro de este modo por egoísmo, sino humilde y sinceramente. Aunque hayamos sido rehenes de la mentira durante mucho tiempo, en mi interés tanto como en el tuyo y el de todos los hombres quiero vivir ahora en la verdad. ¿Os suenan duras estas palabras? Pronto amaréis lo que prescribe vuestra naturaleza, lo mismo que la mía, y, si nos ceñimos a la verdad, ella nos llevará a buen puerto. Pero de ese modo podéis causar dolor a vuestros amigos. Es cierto, pero no puedo permitirme vender mi libertad ni mi poder para salvar su sensibilidad. Además, ¿quién no tiene momentos de lucidez cuando se asoma a la región de la verdad absoluta? Entonces, me darán la razón, y me imitarán.

El vulgo piensa que tu rechazo de los criterios al uso significa el abandono de cualquier norma y la impugnación de cualquier ley moral; y el sensual impúdico apelará a la filosofía para enmascarar sus desmanes. Pero la ley de la conciencia es perseverante. Hay dos confesionarios ante los que no nos queda más remedio que acudir a descargar nuestras conciencias. Puedes dar cuenta de tus obligaciones de un modo directo o reflejo. Considera si has cumplido con tus relaciones, ya sean padre, madre, primo, vecino, conciudadanos, gato o perro; piensa si alguno de ellos te puede reprochar algo. Mas puedo incluso eximirme de ese criterio reflejo y hacerme concesiones. No así ante el círculo perfecto de exigencias de las que yo mismo me rodeo. En dicho círculo se niega el título de obligaciones a muchas que pasan por tales, pero si puedo salir airoso de ese tribunal, estoy autorizado a no atenerme al código popular vigente. Si alguien imagina que esta ley es laxa, que obedezca su mandato un día. Porque verdaderamente éste exige algo de divino en el hombre que se ha deshecho de las justificaciones habituales y se ha aventurado a confiar en sí mismo como maestro.

¡Elevado ha de ser su corazón, fiel su voluntad, clara su mirada, para que pueda empeñarse de veras en ser él mismo su propia doctrina, sociedad y ley de modo que un simple propósito sea para él tan inquebrantable como férrea es la necesidad para los demás!

Cualquier observador que analice las características de lo que suele denominarse sociedad actualmente, convendrá en la necesidad de una ética como ésta. No parece sino que se ha extraído el nervio y la entraña del hombre y que nos hemos convertido en un montón de abatidos y timoratos llorones. Nos atemoriza la verdad, la fortuna, la muerte, y nos tenemos miedo unos a otros. De nuestra época no surgen individuos excelentes y completos. Necesitamos hombres y mujeres que renueven la vida y nuestra condición social, pero lo que encontramos son, en su mayor parte, temperamentos insolventes, incapaces de satisfacer sus propios deseos, con ambiciones desproporcionadas a sus fuerzas, y que se rebajan a mendigar noche y día, insistentemente. Nuestra administración de la casa es menesterosa, así como nuestras artes, ocupaciones, matrimonios; la religión no la hemos elegido nosotros sino la sociedad. Somos soldados de salón. Rehuimos la abrupta batalla del destino, donde brotan las fuerzas.

Si nuestros jóvenes no aciertan en sus primeras empresas, se vienen abajo. Si un comerciante que empieza, se viene abajo, se dirá que está arruinado para siempre. Si un individuo brillante estudia en una de nuestras universidades y, en el plazo de un año, no se ha colocado en una oficina de la ciudad o los suburbios de Boston o Nueva York, a sus amigos y a él mismo les parecerá que tiene motivos para sentirse desalentado y lamentarse el resto de su vida. En cambio, cualquier chaval resuelto de New Hampshire o Vermont que ensaya sucesivamente todas y cada una de las profesiones: mozo, labrador, vendedor de puerta en puerta, que monta una escuela, predica, edita un periódico, va al Congreso, compra unos terrenos, y otras cosas por el estilo, a lo largo de los años, vale cien veces lo que estos petimetres de ciudad. Marcha de frente con su época y no se avergüenza de no «haber estudiado una profesión» porque vive su vida al día sin necesidad de aplazarla. No tiene una sola oportunidad, sino cientos de ellas. Ojalá un estoico revelase a los hombres cuántos recursos hay en ellos y les advirtiese que no son sauces llorones, sino que pueden y deben desapegarse del mundo; que si ejercitan la confianza en sí mismos, se les revelarán nuevas fuerzas; que el hombre es el verbo hecho carne, nacido para traer salud a las naciones; que debería sentirse avergonzado de nuestra compasión, porque desde el momento en que obre por sí mismo y arroje por la borda leyes, libros, idolatrías, usos y costumbres, lejos de compadecerle, le tributaremos agradecimiento y admiración. Ese maestro restablecería el esplendor de la vida humana y haría que su nombre fuese amado para siempre.

Es fácil comprender que una mayor confianza en uno mismo tiene que producir una revolución en todas las ocupaciones y relaciones de los seres humanos, en su religión, su educación, sus búsquedas, su modo de vivir, sus maneras de asociarse con los demás, su propiedad, sus miras especulativas.

1. ¡A qué oraciones se consagran los hombres! Lo que llaman un oficio sagrado no es siquiera audaz y viril. El que reza mira hacia fuera y pide que le sea concedido un bien ajeno por medio de alguna virtud ajena, y se extravía en los laberintos interminables de lo natural y lo sobrenatural, lo mediado y lo milagroso. La oración que reclama un bien determinado —cualquier otra cosa que no sea el bien completo— es viciosa. La oración es la contemplación de los hechos de la vida desde el punto de vista más elevado. Es el soliloquio de un alma contemplativa y jubilosa. Es el espíritu de Dios al dar por buenas sus obras. Pero la oración como medio para alcanzar un bien privado es rastrera

y usurpadora. En vez de unidad, presupone dualismo en la naturaleza y en la conciencia. Tan pronto como el ser humano sea uno con Dios, dejará de pedirle nada. Podrá ver entonces la oración en cualquiera de sus acciones. La oración del labrador al arrodillarse en su campo para limpiarlo de malas hierbas; o la del remero al arrodillarse para acometer su golpe de remo, son auténticas plegarias que resuenan en la naturaleza, aunque sean para fines de poca monta. Así, cuando a Caratach, en el Bonduca de Fletcher[4], se le exhorta a que indague las intenciones del dios Audate, responde: «Su sentido oculto se halla en nuestros esfuerzos; nuestras fortalezas de espíritu son nuestros mejores dioses».

Otra clase de falsas plegarias son nuestras lamentaciones. El descontento es la falta de confianza en uno mismo; es la enferme-

---

[4] *N. del T.:* Tragedia histórica de estilo jacobino publicada en 1647 y atribuida, no sin debate académico, a John Fletcher, en la que se relata la historia de la rebelión de una reina celta contra los romanos en el siglo I d.C.

dad de la voluntad. Lamenta las calamidades, si así puedes ayudar a quien sufre; si no puedes, conságrate a tu trabajo, pues es ahí donde se empieza a reparar el mal. No menos vil es nuestra simpatía. Cuando vemos a alguien que llora compungido, nos sentamos a su lado y tratamos de acompañarlo en vez de infundirle bruscas sacudidas eléctricas de verdad y salud para que reanude el contacto con su propia razón. El secreto de la fortuna es la alegría que está a nuestro alcance. El que se ayuda a sí mismo es siempre bienvenido a la casa de los dioses y los hombres. Para él están abiertas de par en par todas las puertas, todas las bocas gritan su nombre, todos los honores le coronan, todas las miradas se sobrecogen a su paso. Nuestro amor va hacia él y lo abraza, porque él no lo necesita. Lo apreciamos y celebramos con recelo y contrición porque él no desistió de su camino y desdeñó nuestra desaprobación. Los dioses lo aman porque los hombres lo odian. «Para el mortal perseverante —dice Zoroastro—, los benditos inmortales tienen los pies ligeros».

Las oraciones de los hombres son una enfermedad de la voluntad al igual que sus credos son una enfermedad del intelecto.

Junto con aquellos necios israelitas, dicen: «Que Dios no nos hable para que no muramos. Pero habla tú, que hable cualquier hombre de los que están con nosotros, y obedeceremos». Por doquier se me ponen trabas para encontrar a Dios en mi hermano, porque éste ha cerrado todas las puertas de su propio templo y tan solo recita las fábulas del Dios de su hermano o del Dios del hermano del hermano. En toda mente nueva hay una nueva clasificación. Cuando esta nueva mente despliega fuerza y actividad poco corrientes —un Locke, un Lavoisier, un Hutton, un Bentham, un Fourier—, impone su clasificación a los demás, y ahí tenemos un nuevo sistema. Su complacencia es proporcional a la profundidad de su pensamiento y, de igual modo, al número de objetos que toca y se ponen al alcance de su pupila. Pero esto se manifiesta principalmente en los credos y en las iglesias, que son también clasificaciones de espíritus poderosos actuando sobre la idea elemental del deber, y sobre la relación del hombre con el Altísimo. Así son el calvinismo, el cuaquerismo, el swedenborgismo. Los fieles se deleitan subordinando todo a cada una de estas nuevas terminologías, igual que una muchacha que hubiera aprendido sus primeras lecciones de botánica al contemplar un nuevo territorio y el curso de las nuevas estaciones pasando por ella. Sucederá durante algún tiempo que el discípulo sienta el ensanchamiento de sus facultades intelectuales con el estudio de la mente de su maestro. Pero en los entendimientos descompensados, dicha clasificación es idolatrada, se toma como un fin y no como un medio que se agota con prontitud. De ese modo, a sus ojos se confunden en el horizonte remoto los límites del sistema con los límites del universo, pareciéndoles que las luminarias celestes están suspendidas sobre el arco construido por su maestro. No son capaces de concebir que tú, un extraño, tengas algún derecho a ver, que puedas ver: «Tiene que ser que tú, de algún modo, nos hayas robado la luz a nosotros». No alcanzan a percibir todavía que esa luz no sigue un patrón determinado, es indomable y penetra en cualquier cabaña, incluso en la suya. Déjales gorjear alegremente un rato y que la llamen suya. Si son honestos y les va bien, pronto su nuevo y arreglado redil será demasiado estrecho y bajo, se agrietará, pandeará, pudrirá y desmoronará, y la luz inmortal, flamante y llena de vida, de un sinfín de orbes y colores, resplandecerá en el universo como en la primera mañana.

2. Debido a la falta de cultivo de las propias cualidades, la superstición del viaje, cuyos iconos son Italia, Inglaterra y Egipto, sigue provocando la admiración de todos los norteamericanos instruidos. Quienes enaltecieron para la imaginación a Inglaterra, Italia o Grecia no lo lograron vagando por el mundo como las polillas alrededor de un candil, sino aferrándose al lugar donde estaban, como si se tratase del eje de la tierra. En los momentos de entereza sentimos que nuestro lugar está al lado del deber. El alma no es viajera: el hombre sagaz permanece en casa, y cuando, de tanto en tanto, sus necesidades o sus obligaciones lo sacan de ella o lo llevan a tierras extranjeras, sigue estando en casa y no deambulando por ahí sin ton ni son. En la expresión de su semblante se traslucirá que él es el misionero de la sabiduría y la virtud, y que su paso por ciudades y hombres no es el de un intruso o un criado, sino el de un visitante soberano.

No tengo ninguna objeción grosera que oponer a circunnavegar el globo terráqueo con fines artísticos, exploratorios o por mera benevolencia, siempre que antes no hayamos sido domesticados ni viajemos con la esperanza de encontrar algo de mayor calado que lo que ya sabemos. Aquel que viaja para divertirse o para obtener algo que no posee, se aleja de sí mismo e, incluso siendo joven, envejece entre enseres gastados. Ya sea Tebas o Palmira, su voluntad y su espíritu habrán envejecido y decaído como estas ciudades. Lleva ruinas a las ruinas.

El viaje es el paraíso del necio. Nuestras primeras travesías nos descubren la indiferencia de los lugares. En casa sueño que en Nápoles o en Roma puedo embriagarme de belleza y desprenderme de mi tristeza. Hago mi baúl, abrazo a mis amigos, me embarco y, por fin, despierto en Nápoles. Y ante mis ojos surge el mismo triste e implacable yo del que quise huir, inexorable, idéntico. Salgo en busca del Vaticano y los palacios. Me empeño en embriagarme con vistas y fascinaciones, pero no logro embelesarme. Mi gigante me acompaña allá donde voy.

3. Sin embargo, el furor por el viaje es un síntoma de un mal más profundo que

afecta a la actividad intelectual en su conjunto. El intelecto es divagador y nuestro sistema educativo alimenta el desasosiego. Nuestras mentes viajan cuando nuestros cuerpos se ven obligados a permanecer en casa. Imitamos; ¿y qué es la imitación sino el viajar del espíritu? Construimos nuestras casas conforme a gustos extranjeros, decoramos las estanterías con adornos foráneos; nuestras opiniones, gustos, facultades se entregan y se dejan llevar por el Pasado y lo Distante. El alma ha creado las artes dondequiera que han florecido. Fue en su propio espíritu donde el artista buscó su modelo. Fue una aplicación de su propio pensamiento a la cosa que debía componer y a las condiciones que debía respetar.

¿Y qué necesidad tenemos de copiar el modelo dórico o gótico? La belleza, la oportunidad, la grandeza de pensamiento, la expresión elegante están a nuestro alcance como al de cualquier otro. Y si el artista norteamericano estudia con esperanza y amor lo que ha de hacer, atendiendo al clima, al suelo, a la duración del día, las necesidades de las gentes, las costumbres y la forma de gobierno, creará una casa en donde todas estas piezas encuentren su lugar y que satisfaga a la par el gusto y el sentimiento.

Afirma tu personalidad, y no imites jamás. Siempre podrás presentar tu talento con la fuerza acumulada por la dedicación de toda una vida, pero sobre el talento que adoptes de otro sólo serás depositario a medias. Lo que cada cual puede hacer mejor, nadie excepto su Hacedor puede enseñárselo. Nadie sabe lo que eres, ni puede saberlo, hasta que seas tú quién se lo muestre. ¿Dónde está el maestro que enseñó a Shakespeare? ¿Dónde el que enseñó a Franklin, a Washington, a Bacon, a Newton? Todo gran hombre es único. El escipionismo de Escipión es precisamente aquello que no pudo tomar prestado de nadie más. No se hará nunca un Shakespeare mediante el estudio de Shakespeare. Haz lo que te ha sido asignado, y no esperes demasiado ni te atrevas a demasiado. A ti te aguarda una oportunidad de expresión tan audaz y grandiosa como la del colosal cincel de Fidias, o la de la llana de los egipcios, o la de la pluma de un Moisés o un Dante, aunque distinta de todas ellas. Es improbable que la plétora del alma elocuente, con sus mil lenguas de fuego, se digne repetirse; pero si puedes oír lo que estos patriarcas dijeron, seguramente podrás responderles en el mismo tono, porque el oído y la lengua son dos órganos de naturaleza idéntica. Mora en las regiones simples y nobles de tu vida, obedece a tu corazón, reproduce nuevamente el mundo anterior al diluvio.

4. Al igual que nuestra religión, nuestra educación y nuestro arte miran hacia el exterior, así también ocurre con el espíritu de nuestra sociedad. Todos los seres humanos se jactan del mejoramiento de la sociedad pero no hay ninguna mejora en el hombre.

La sociedad no avanza nunca. Retrocede tan rápido por un lado como avanza por el otro. Experimenta cambios constantes; es bárbara, civilizada, cristianizada, rica, científica; pero estos cambios no son mejoras. No te da nada sin llevarse algo a cambio. Se implantan nuevas técnicas y se pierden viejos instintos. ¡Qué contraste entre el norteamericano bien vestido, que lee, escribe, piensa, y lleva en el bolsillo un reloj, un lápiz y una letra de cambio, y el aborigen neozelandés desnudo cuya propiedad se reduce a un garrote, una lanza, una esterilla y el cobijo de un rincón de una choza com-partida para dormir. Pero comparad la salud de ambos y veréis que el hombre blanco ha perdido su fuerza primitiva. Si los viajeros dicen la verdad, asestad un tajo al salva-je con el filo de un hacha y, en uno o dos días, la carne se le unirá y cicatrizará como si hubiese descargado el golpe en brea hú-meda; mientras que el mismo golpe enviará al hombre blanco directamente a su tumba.

El hombre civilizado construye carrua-jes, pero ha perdido el uso de sus pies. Se apoya en muletas, pero carece del soporte firme de sus músculos. Luce un elegante reloj de Ginebra, pero no sabe valerse del sol para averiguar la hora. Tiene a su dispo-sición el almanaque náutico de Greenwich[5] para consultar la información que precise, pero no conoce ninguna de las estrellas del

---

[5] *N. del T.:* El almanaque náutico contiene pre-dicciones sobre las posiciones de los astros en el cielo durante un año natural. Puesto que esta posición varía constantemente, el nave-gante adquiere el almanaque para un año con-creto a fin de disponer de la información ne-cesaria para la navegación durante todo el año.

firmamento. No observa el solsticio, apenas sabe nada del equinoccio, y no tiene la menor noción del brillante calendario del año estelar. Sus cuadernos de apuntes debilitan su memoria; las bibliotecas apabullan su ingenio; las compañías de seguros engrosan el número de accidentes. Y cabe conjeturar si las máquinas no son una molestia, si no hemos perdido algo de energía con tanto refinamiento, y algo del vigor de la virtud del salvaje con un cristianismo atrincherado en las instituciones y en las formas. Porque cada estoico era un estoico, pero en la cristiandad, ¿dónde está el cristiano?

La desviación del criterio moral a lo largo del tiempo no ha sido mayor que la acontecida en las unidades de altura o volumen. No hay ahora hombres más extraordinarios que los que ha habido siempre. Los hombres eminentes de la antigüedad son singularmente equiparables a los de los últimos tiempos, del mismo modo que la ciencia, el arte, la religión y la filosofía del siglo XIX no servirían para educar hombres de mayor valía que los héroes de Plutarco, hace veintitrés o veinticuatro siglos. La raza no progresa con el tiempo. Focio, Sócrates,

Anaxágoras, Diógenes son grandes hombres pero no fundan una clase social. Quien pertenezca realmente a esa casta de hombres no querrá que le llamen bajo ninguno de sus nombres, sino que se bautizará a sí mismo y, a su vez, será él quien cree su propio linaje. Las técnicas e inventos del momento son tan sólo el traje con el que se reviste cada época, pero no infunden vigor al hombre. El daño que causan las maquinas perfeccionadas compensan tal vez el bien que hacen. Hudson y Bering[6] consiguieron tales hazañas con sus barcos de pesca que hubieran

---

[6] *N. del T.:* Henry Hudson (1565-1611), famoso navegante inglés, buscó el paso del Noroeste hacia Asia por el Ártico al mando de una sola embarcación. Alcanzó las costas de Groenlandia y Svalbard, y exploró las costas de Nueva Escocia. Vito Bering (1581-1611) fue un marino y explorador danés al servicio de la marina rusa que exploró la costa siberiana y logró navegar por aguas del estrecho de Bering y alcanzar la costa occidental de América del Norte. La exactitud de sus observaciones y mediciones dio lugar a una precisa cartografía del extremo nordeste de Asia.

asombrado a Parry y Franklin[7], en cuyas expediciones iban equipadas con todos los adelantos de la ciencia y la técnica. Con la lente de unos anteojos de ópera, Galileo descubrió la serie de fenómenos celestes más fastuosa que nadie haya logrado avistar desde entonces. Colón encontró el Nuevo Mundo en una embarcación sin cubierta. No deja de sorprender el desuso y el olvido en el que caen periódicamente medios y máquinas introducidas a bombo y platillo unos años o unos siglos antes. El hombre de genio retorna a lo esencial. Pese a que incluimos los avances del arte militar entre los triunfos de la ciencia, Napoleón conquistó Europa mediante el sistema del vivac, que consistía en recurrir al valor más descarna-

---

[7] *N. del T.:* William Parry (1790-1855) y John Franklin (1786-1847), navegantes y exploradores británicos, encabezaron varias expediciones al Círculo Polar Ártico y al Polo Norte. Franklin murió en una de ellas cuando pretendía encontrar el paso del Noroeste. Sus veleros iban provistos de modernos sistemas de calefacción, latas de conserva y otros adelantos técnicos.

do y desproveerse de cualquier accesorio. Las Casas refiere que el Emperador Carlos V consideraba que era imposible formar un ejército perfecto «sin abolir nuestras armas, almacenes, intendencias y carruajes; sin que el soldado, imitando la costumbre romana, recibiese su ración de trigo, lo triturara en un molinillo de mano y cociese él mismo su propio pan».

La sociedad es una ola. La ola se desplaza hacia delante, pero el agua que la compone, no. No es la misma partícula la que se eleva desde el valle hasta la cumbre. Su unidad es sólo fenoménica. Las personas que forman hoy una nación, mueren al año siguiente, llevándose consigo su experiencia.

Igualmente, la confianza en la propiedad, incluyendo la confianza en los gobiernos que la amparan, se traduce en falta de confianza en uno mismo. Los hombres han apartado durante tanto tiempo la mirada de sí mismos para desviarla hacia las cosas, que han llegado a considerar que lo que ellos denominan emblemas del progreso, a saber, las instituciones religiosas, educativas y civiles, son los centinelas de la propiedad, y reprueban los ataques a aquellas porque sienten que se dirigen contra ésta. Miden el valor de los demás por lo que tienen, no por lo que son. Sin embargo, un hombre cultivado llega a avergonzarse de su propiedad por el respeto que le merece su propia naturaleza. Especialmente si considera que lo que posee es circunstancial, que ha llegado a él a través de una herencia, una donación o una infracción de la ley. Entonces siente que nada tiene, que nada le pertenece, que sus bienes no arraigan en él, sino que simplemente los conserva para evitar que se los arrebate alguna revolución o algún atracador. Mas lo que un hombre es revierte en él, y lo que revierte al hombre es la propiedad viva, que no está a disposición del legislador, la turba, la revolución, el fuego, la tormenta o la quiebra, sino que se renueva constantemente dondequiera que haya un hombre que respire. «Tu lote o porción de vida —decía el califa Alí— va siempre en pos de ti; así pues, no te molestes en perseguirla». Nuestra dependencia de estos bienes externos nos conduce a dispensar un respeto servil a los números. Los partidos políticos celebran concurridas convenciones en las que, cuanto mayor es la afluencia de público y más unánime el clamor de los asistentes con cada nuevo anuncio —¡la delegación de Essex!, ¡los demócratas de New Hampshire! ¡los liberales de Maine!—, el joven patriota que asiste a ellas se siente más robustecido que antes por el nuevo millar de ojos y brazos que le acompañan. Del mismo modo, los reformadores convocan asambleas donde se vota y se decide por aclamación. ¡Ay, amigos, ojalá Dios se dignara a entrar en vosotros, pero no sería sino con un método completamente opuesto a éste! Únicamente cuando el hombre prescinda de todo apoyo ajeno a sí mismo y se defienda por sus propios medios, podrá ser fuerte y prevalecer. Cada nuevo recluta que se suma a su causa, le debilita. ¿No es mejor un hombre que una ciudad? No pidas nada a los hombres: que sea solamente tu firme columna la que se mantenga erguida sosteniendo todo cuanto te rodea. Quien sepa que el poder es innato, que su debilidad se debe a que lo ha buscado siempre fuera de sí mismo y en otras partes y, al darse cuenta de ello, se aferre sin vacilar a su pensamiento, se corregirá a sí mismo y, al punto, recuperará la posición erguida, el control de sus miembros y obrará milagros; así como también es más fuerte quien se apoya sobre sus pies que quien lo hace sobre su cabeza.

Trata exactamente igual a todo lo que recibe el nombre de Fortuna. Muchos hombres que juegan con ella lo ganan o lo pierden todo, según caiga o no la suerte de su lado. Pero tú abandona como ilegítimas esas ganancias y ocúpate sólo de la Causa y el Efecto, los cancilleres de Dios. Si trabajas y prosperas según los dictados de tu Voluntad, encadenarás la rueda de la fortuna, y podrás quedarte tranquilo sin temer nada de sus rotaciones. Una victoria política, un alza de los valores, la recuperación de tu salud maltrecha, el regreso de un amigo ausente o algún otro acontecimiento favorable, levantan tu ánimo y te hacen pensar que te aguardan días bonancibles. No lo creas. Solamente tú puedes darte paz. Solamente el triunfo de los principios puede traerte la paz.

Semblanza biográfica

Breve biografía

Ralph Waldo Emerson nació en Boston en el año 1803 y falleció en Concord en 1882. Está considerado como uno de los fundadores de la literatura de Estados Unidos, junto a autores como Thoreau, Withman, Hawthorne y Melville, a los que trató personalmente —con la excepción de Melville—.

Estudió teología en Harvard y se ordenó pastor unitario. Tres años después, el fallecimiento de su mujer por tuberculosis le empujó a abandonar el sacerdocio. En sus años de estudiante universitario había comenzado a escribir su «Diario» y a alejarse gradualmente de las creencias religiosas y sociales de sus contemporáneos, lo que le llevó a formular la filosofía del trascendentalismo en su primer libro, *Nature (Naturaleza, 1836),* que publicó de forma anónima. En la víspera de su publicación, fundó el conocido como «Club Trascendental» que reunió a Henry Hedge, George Putnman,

George Ripley, Margaret Fuller, Elizabeth Hoar y Sarah Ripley. El trascendentalismo perfiló un «Nuevo Pensamiento»: sugiere que no todo está pensado o dado por un Dios, y que este no tiene que revelar la verdad, sino que puede ser intuida por el alma humana, y que podemos acceder al saber directamente desde la propia naturaleza. Su amor al cosmos era de tipo panteísta; como escribió en su diario, «hay una confluencia entre el alma humana y todo lo que existe en el mundo».

Fue un conferenciante prolífico, lo que se refleja en su estilo de escritura, muy relacionado con la oralidad y generalmente enfático. Tras su primer trabajo, en 1837 pronunció un discurso titulado

«The American Scholar», que Oliver Wendell Holmes consideró como la «Declaración de Independencia intelectual» de los Estados Unidos. A partir de entonces, comenzó a viajar y a ofrecer conferencias por Europa, donde entró en contacto con el idealismo alemán y con las ideas de los poetas ro mánticos ingleses. De vuelta a EEUU, se casó de nuevo; tuvo cuatro hijos de su segundo matrimonio.

Apodado «el sabio de Concord», Ralph Waldo Emerson fue un escritor prolífico; entre sus obras destacan sus *Ensayos, El sentido de la vida,* o sus Poemas. Por motivos de salud, se mudó a Carolina del Sur, donde conocería al sobrino de Napoleón Bonaparte, Achille Murat, quién le estimuló intelectualmente, y junto a quien tuvo su primer contacto con la esclavitud. Sus anotaciones de la época muestran un interés creciente por este tema, y su afán por ayudar en la liberación de los esclavos. Poco amigo de procurar la atención pública, no se pronunció sobre el tema hasta 1844 cuando se proclamó abolicionista. En 1860 publicó *La conducta de la vida,* su colección final de ensayos, en la que debate los temas más controvertidos del momento.

Ya en 1867 la salud de Emerson comenzó a declinar, experimentando problemas de memoria y distanciando las entradas en sus diarios. El diario personal de Emerson fue publicado tras su muerte, entre 1909 y 1914, por la Harvard University Press, llegando a alcanzar 16 volúmenes en la compilación definitiva publicada entre 1960 y 1982. Algunos estudiosos lo consideran su obra clave. En su filosofía, considerada radical y heterodoxa en su época, confluyeron el criticismo bíblico, el estoicismo, el racionalismo, el romanticismo, y la filosofía oriental, además de ser profundamente liberal: potencia los valores del individuo y del yo, es afirmativa, vitalista y optimista. De ahí las alabanzas que mereció por parte de autores como Friedrich Nietzsche o Walt Withman.

Bibliografía de Emerson

Nature (Naturaleza), 1836. fue su primer libro de ensayos publicado. En este volumen desarrolló su teoría del trascendentalismo.

The American Scholar, 1837. Discurso en la Phi Beta Kappa Society de Harvard

The Divinity School Address, 1838. Discurso que Emerson pronunció ante la de clase de graduados de la Escuela de Teología de Harvard.

Literary Ethics, 1838. Discurso pronunciado ante la Sociedad Literaria de la Universidad de Dartmouth.

Essays: First Series (Ensayos). Publicó un primer volumen en 1841 que contiene *History, Compensation (Compensación), Self-Reliance (Confianza en uno mismo), The Over-Soul, Spiritual Laws, Love, Friendship, Prudence, Heroism, Intellect, Art y Circles. El segundo volumen se publicó en 1844 (Essays: Second Series); contiene The Poet (El Poeta), Experience (Experiencia), Politics, Character, Manners, Gifts, Nominalist and Realist, New England Reformers y un segundo ensayo titulado Nature (Naturaleza).*

Lecture on the Times, 1841.

Man the Reformer, 1841. Discurso pronunciado ante la Asociación de Bibliotecas de Aprendices Mecánicos de Boston.

The Conservative, 1841. Discurso pronunciado en el Templo Masónico.

The Method of Nature, 1841. Discurso ofrecido ante la Sociedad de la universidad Adelphi Waterville, en Maine.

The Transcendentalist, 1843. Ensayo sobre la doctrina del trascendentalismo.

The Young American, 1844. Discurso pronunciado ante la Asociación de Bibliotecas Mercantiles en Boston.

Nature; Addresses and Lectures, 1849.

Representative Men (Representante de la Humanidad), 1850. Con ensayos sobre Swedenborg, Napoleón, Platón, Montaigne, Shakespeare y Goethe.

Contiene *Uses of Great Men, Plato: or the Philosopher, Plato: New Readings, Swedenborg: or the Mystic, Montaigne: or the Poet; Napoleon: or the Man of the Wolf y Goethe: or the Writer.*

English Traits, 1856. Ensayo sobre Inglaterra: la tierra, la gente, el humor, etc.

The Conduct of Life, 1860. Contiene Fate, Power, Wealth, Culture, Behavior,

Worship, Considerations by the Way, Beau-
ty y *Illusions.*

Thoreau, 1862. Un homenaje a Henry
David Thoreau.

Society and Solitude, 1870. Ensayo
donde contrasta la sociedad (la compañía de
otras personas) con la soledad.

Letters and Social Aims, 1876. Contiene ensayos publicados anteriormente, junto
con otros nuevos, producto de la colabora-
ción con sus hijos Ellen Emerson y Edward
Emerson.

Alphonso Of Castile
Astrae

Poesía

Bacchus
Berrying
Blight
Boston
Brahma
Celestial Love
Compensation
Concord Hymn
Days
Daemonic Love
Dirge
Each And All
Eros
Etienne de la Boéce
Fable
Fate
Forebearance
Friendship
Give All To Love
Good-bye
Grace
Guy
Hamatreya
Initial Love